# essentials

*essentials* liefern aktuelles Wissen in konzentrierter Form. Die Essenz dessen, worauf es als „State-of-the-Art" in der gegenwärtigen Fachdiskussion oder in der Praxis ankommt. *essentials* informieren schnell, unkompliziert und verständlich

- als Einführung in ein aktuelles Thema aus Ihrem Fachgebiet
- als Einstieg in ein für Sie noch unbekanntes Themenfeld
- als Einblick, um zum Thema mitreden zu können

Die Bücher in elektronischer und gedruckter Form bringen das Fachwissen von Springerautor*innen kompakt zur Darstellung. Sie sind besonders für die Nutzung als eBook auf Tablet-PCs, eBook-Readern und Smartphones geeignet. *essentials* sind Wissensbausteine aus den Wirtschafts-, Sozial- und Geisteswissenschaften, aus Technik und Naturwissenschaften sowie aus Medizin, Psychologie und Gesundheitsberufen. Von renommierten Autor*innen aller Springer-Verlagsmarken.

Hermann Rock

# High Performance Briefing/Debriefing von B2B Verhandlungen

## So nutzen Sie die Best Practice von Hochleistungsteams beim Briefing/Debriefing

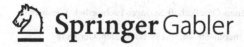
Springer Gabler

Hermann Rock
Rock Legal
München, Deutschland

ISSN 2197-6708                          ISSN 2197-6716   (electronic)
essentials
ISBN 978-3-658-42353-7          ISBN 978-3-658-42354-4   (eBook)
https://doi.org/10.1007/978-3-658-42354-4

Die Deutsche Nationalbibliothek verzeichnet diese Publikation in der Deutschen Nationalbibliografie; detaillierte bibliografische Daten sind im Internet über http://dnb.d nb.de abrufbar.

Planung/Lektorat: Guido Notthoff
Springer Gabler ist ein Imprint der eingetragenen Gesellschaft Springer Fachmedien Wiesbaden GmbH und ist ein Teil von Springer Nature.
Die Anschrift der Gesellschaft ist: Abraham-Lincoln-Str. 46, 65189 Wiesbaden, Germany

# Was Sie in diesem *essential* finden können

- Der optimale Aufbau von Verhandlungsteams
- Was Sie von Hochleistungsteams lernen können
- Die 5 Elemente des High Performance Briefings
- Die 5 Elemente des High Perfomance Debriefings
- 2 Checklisten

# Inhaltsverzeichnis

# Einführung 1

## 1.1 Wichtige Definitionen

In diesem *essential* befasse ich mich mit dem Briefing und dem Debriefing von B2B Verhandlungen.

B2B Verhandlungen können Sie als Senior Manager nur dann optimal steuern, wenn Sie die Best Practice beherrschen.

Die Best Practice der gesamten Verhandlungsführung finden Sie im „Driver-Seat-Konzept" (vgl. Rock 2019, S. 1 ff.).

Die **Best Practice** des **Briefings** und des **Debriefings** durch den Senior Manager (hier auch als **„Decision Maker"** bezeichnet) finden Sie in diesem *essential.*

Mein Ziel ist es, dass Sie nach dem Studium dieses *essentials* als Decision Maker Ihre Briefings und Debriefings professionell durchführen.

Der Begriff „Briefing" stammt aus dem Englischen und leitet sich von dem Wort „to brief" ab, was so viel bedeutet wie „kurz informieren". Es geht z. B. innerhalb eines Teams darum, anderen kurz und präzise **vor** einem Ereignis **Informationen** zu geben, um die Mitglieder des Teams auf eine bestimmte Aufgabe oder ein Ereignis vorzubereiten. Beim Debriefing handelt es sich um eine Besprechung **nach** einem Ereignis, um **Informationen** auszutauschen **und** für die Zukunft zu **lernen,** was man besser machen kann (vgl. z. B. (Debriefing in der Anästhesie nach akutmedizinischen Ereignissen (siga-fsia.ch), Diplomarbeit von Jürgen Friese, zugegriffen am 28.03.2023).

Besonders wichtig sind Briefings und Debriefings z. B. beim Militär, in der Luftfahrt und in der Medizin (vgl. z. B. die oben zitierte Diplomarbeit von Friese).

Auch bei allen für ein Unternehmen wichtigen Verhandlungen sind Briefings und Debriefings ein entscheidender Erfolgsfaktor.

© Der/die Autor(en), exklusiv lizenziert an Springer Fachmedien Wiesbaden GmbH, ein Teil von Springer Nature 2023
H. Rock, *High Performance Briefing/Debriefing von B2B Verhandlungen,* essentials, https://doi.org/10.1007/978-3-658-42354-4_1

Auf Grundlage meiner langjährigen Erkenntnisse und der Anwendung wissenschaftlich fundierter Aussagen habe ich für Briefings und Debriefings das **„High
Performance Briefing"** bzw. das **„High Performance Debriefing"** entwickelt,
das einen innovativen Informationsaustausch sicherstellt.

Eines der fünf Elemente dieses High Performance Briefings (und auch des
High Performance Debriefings) ist das für die erfolgreiche Teamarbeit erforder-
liche Konzept der **Psychologischen Sicherheit,** welches „ein **Schlüsselkonzept
der Teamarbeit** und damit der modernen Arbeitswelt" (Bachmann und Quispe
Bravo 2021, S. 319, 323; Hervorhebung durch den Autor) ist.

Bachmann/Quispe Bravo heben weiterhin hervor, dass sich „eine beeindru-
ckende und umfangreiche empirische Forschung zu … psychologischer Sicherheit
im Organisationskontext entwickelt" hat (vgl. Bachmann und Quispe Bravo 2021,
S. 319, 322).

Soweit ersichtlich, hat dieses Thema in der Verhandlungsliteratur bislang fast
keine Beachtung gefunden. So nennt z. B. das sehr umfangreiche Buch „Negotiator" die Regel „Create confidence" (Combalbert und Mery 2021, S. 558),
befasst sich aber nicht mit dem Konzept der Psychologischen Sicherheit nach
Amy Edmondson (vgl. unten Abschn. 3.1).

Ich habe mich deshalb entschlossen, die **Best Practice** des Briefings und des
Debriefings in diesem *essential* zu veröffentlichen.

Zunächst zu den Definitionen:

- **Definition High Performance Briefing**

Unter **„High Performance Briefing"** verstehe ich jede Art von Kommunikation (z. B. Meeting, Conference Call, Video Conference), die **vor** dem Einstieg
in die **erste** Verhandlung stattfindet und aus fünf Elementen besteht: **(i)** der
formalen Eröffnung der Diskussion des Decision Makers mit dem Verhandlungsteam (**„Discuss"**), **(ii)** der Herstellung der **Psychologischen Sicherheit** im Team,
**(iii)** der aktiven Übernahme von **Verantwortung** für den Erfolg der Mission
durch jedes Teammitglied, **(iv)** dem **Professionellen Informationsaustausch** der
Teammitglieder und **(v)** dem konkreten Auftrag des Senior Managers an den
Projekt Manager bzw. alle Mitglieder des Verhandlungsteams für die bevorste-
hende Verhandlung (**„Your Instruction"**). Danach führt das Verhandlungsteam
die Verhandlungen.

Wie schon oben hervorgehoben, bezeichne ich dieses Vorgehen als **„High
Performance Briefing"**.

Ich habe diese Bezeichnung gewählt, weil ich die zentralen Regeln für Hochleistungsteams übernehme. Sehr instruktiv ist z. B. das *essential* von Goller/Laufer mit dem Titel: „Psychologische Sicherheit in Unternehmen – Wie Hochleistungsteams wirklich funktionieren" (Goller und Laufer 2018).

- **Definition High Performance Debriefing**

Unter „**High Performance Debriefing**" verstehe ich jede Art von Kommunikation (z. B. Meeting, Conference Call, Video Conference), die **nach** dem Einstieg in die **erste** Verhandlung stattfindet und ebenfalls aus fünf Elementen besteht: (**i**) der formalen Eröffnung der Diskussion des Decision Makers mit dem Verhandlungsteam auf Veranlassung des Verhandlungsteams („**Report Back**"), das zuvor eine Verhandlung geführt hat, (**ii**) der Herstellung der **Psychologischen Sicherheit** im Team, (**iii**) der aktiven Übernahme von **Verantwortung** für den Erfolg der Mission durch jedes Teammitglied, (**iv**) dem **Professionellen Informationsaustausch** der Teammitglieder in Bezug auf die letzte Verhandlung mit dem Zweck der Entwicklung von **kreativen Lösungen** (sowohl in Bezug auf die Konflikte als auch in Bezug auf die Verbesserung der eigenen Zusammenarbeit) und (**v**) dem konkreten Auftrag des Senior Managers an den Projekt Manager bzw. alle Mitglieder des Verhandlungsteams für die nächste Verhandlung im Rahmen des Projekts (**Your Instruction**).

## 1.2  Aufbau

Der Zweck des High Performance Briefings ist die Optimierung des Verhandlungserfolgs in Bezug auf die Mission (Play to win). Der Zweck des High Performance Debriefings ist neben der Optimierung des Verhandlungserfolges (Play to win) auch das Lernen der Teammitglieder durch professionelles Feedback.

In Kap. 2 skizziere ich zunächst den professionellen Aufbau eines **Verhandlungsteams**.

In Kap. 3 beschreibe ich die die 5 Elemente des **High Performance Briefings**.

In Kap. 4 erläutere ich die 5 Elemente des **High Performance Debriefings**.

In Kap. 5 gehe ich auf die Grundlagen zu **Intragruppenprozessen** ein und lege dar, dass alle nachteileiligen Effekte von solchen Intragruppenprozessen durch das Konzept der Psychologischen Sicherheit (ein unverzichtbares Element des High Performance Briefings bzw. High Performance Debriefings) kompensiert werden.

Kap. 6 enthält die **Checkliste** zum High Performance Briefing.

Kap. 7 enthält schließlich die **Checkliste** zum High Performance Debriefing.

# Der optimale Aufbau von Verhandlungsteams

## 2

Bedauerlicherweise betonen nur wenige Verhandlungsbücher die zentrale Bedeutung von Verhandlungsteams.

Ich erstelle Teams in jedem Fall individuell, d. h. immer unter Beachtung der Wünsche des Kunden bzw. der individuellen Situation.

Dessen ungeachtet starte ich immer mit der Frage nach der Bedeutung des konkreten Projekts.

Bei einfachen „Standard-Projekten" empfehle ich den Aufbau eines **Standard Teams** (vgl. nachf. Abschn. 2.1).

Bei anspruchsvollen Projekten empfehle ich die Installation eines **Performance Teams** (vgl. nachf. Abschn. 2.2).

Bei sehr anspruchsvollen Projekten ist der Aufbau eines **High Performance Teams** alternativlos (vgl. nachf. Abschn. 2.3).

Sollten Sie als Decision Maker auch die Verhandlungen führen, müssen Sie 2 Rollen wahrnehmen; sie sind also ein **One Man Team** (vgl. nachf. Abschn. 2.4) (Abb. 2.1).

## 2.1 Das Standard Team

Bei einem einfachen Projekt besteht das Projekt-Team i. d. R. nur aus **2 Personen,** also dem Decision Maker und dem Verhandlungsführer („**Negotiator**). Hier geht der Negotiator allein in die Verhandlung. Daneben muss der Decision Maker entscheiden, ob bzw. welche Experten er benötigt, um die Mission zu entwickeln. Ich bezeichne diese Konstellation als „**Standard Team**", weil es sich um den Mindest-Standard handelt (vgl. hierzu auch Rock 2020, S. 9 ff.).

© Der/die Autor(en), exklusiv lizenziert an Springer Fachmedien Wiesbaden GmbH, ein Teil von Springer Nature 2023
H. Rock, *High Performance Briefing/Debriefing von B2B Verhandlungen*, essentials, https://doi.org/10.1007/978-3-658-42354-4_2

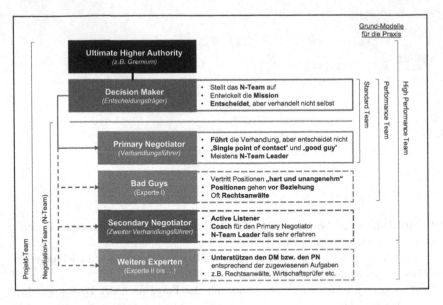

**Abb. 2.1**  Grundmodelle Verhandlungsteams

## 2.1.1   Der Decision Maker

Der Senior Manager (Decision Maker) stellt das Team auf und delegiert damit die Verhandlungen. Zudem bestimmt er die Mission (Mission Development) und kontrolliert deren Erfolg (Mission Control). Im Driver-Seat-Konzept werden diese Aufgaben mit der TOP LADY-Formel beschrieben: T steht für **T**eam, O für **O**ptionen, **P** für Positionen (TOP = Mission Development), L für **L**earn, A für **A**dapt, D für **D**iscuss und Y für **Y**our Instruction (vgl. Rock 2019, S. 19 ff.) (LADY = Mission Control). In Bezug auf dieses *essential* ist nur wichtig, dass der Decision Maker die Verhandlungen niemals selbst führt, sondern **immer** an den Negotiator **delegiert**.

## 2.1.2   Der Primary Negotiator

Wenn Sie vom Decision Maker (Senior Manager) zum Primary Negotiator ernannt werden, sind Sie typischerweise der **Projekt Manager** und damit allein für die Verhandlungsführung zuständig. Sie koordinieren die Kommunikation mit der Gegenseite, also dem Verhandlungspartner. Sie allein entscheiden, wer von Ihrem Verhandlungsteam (wenn Sie nicht allein verhandeln) wann welchen Beitrag zu leisten hat.

Sie setzen als Projekt Manager die Mission um, die der Senior Manager Ihnen vorgibt (z. B. die Positionen eines Liefervertrages). Alle anderen Personen in Ihrem Verhandlungsteam haben nur eine Aufgabe: Sie zu unterstützen und Ihre Weisungen zu beachten. Der Primary Negotiator „is the voice of the team and represents the on-scene commander" (Strentz 2013, S. 19). Sie finden als „Werkzeug" des Decision Makers (bzw. Commanders) mit Ihrem Team heraus, was Ihr Partner will, damit Ihr Decision Maker – aus der Distanz – die richtigen Entscheidungen (z. B. zur Anpassung von Positionen) treffen kann: „Finding out what the other side wants is the negotiator's job. Acting on it is the commander's" (Misino 2004, S. 126).

Als Primary Negotiator sind Sie zudem für das Bonding, also das Herstellen und das Aufrechterhalten einer Beziehung (vgl. Rock 2020, S. 10) zuständig und damit automatisch der „Good Guy": „The negotiator must remain the „Good cop" while blaming others for bad news and negative responses" (Strentz 2018, S. 114).

## 2.2    Das Performance Team

Bei einem bedeutenden Projekt besteht das Projekt-Team aus 3 Personen, nämlich dem Decision Maker und einem kleinen Negotiation-Team („N-Team"). Das kleine N-Team besteht dann aus einem Primary Negotiator (Good Guy) und einem Experten (z. B. Rechtsanwalt), der zugleich als (in der Verhandlung) präsenter Bad Guy aktiv ist. In dieser Konstellation ist der Primary Negotiator zugleich der Leiter des N-Teams. Ich bezeichne diese Konstellation als **„Performance Team",** weil sie in dieser Konstellation wirklich erfolgreich sein können.

### 2.2.1    Der Decision Maker

Die Erläuterungen zu Abschn. 2.1.1 gelten entsprechend.

## 2.2.2   Der Primary Negotiator (Good Guy)

Die Erläuterungen zu Abschn. 2.1.2 gelten entsprechend.

## 2.2.3   Experten (Bad Guy)

Ein Experte ist z. B. ein Rechtsanwalt, der das konkrete Rechtsgebiet beherrscht, das bei der Verhandlung relevant ist und als Bad Guy die Positionen ohne Nachgeben geltend macht und verteidigt. Er soll unmissverständlich erklären, welche Positionen dem Decision Maker wichtig sind.

Er darf in der Verhandlung (i) harte Forderungen formulieren, (ii) Klartext sprechen und (iii) unangenehm auftreten. In der Regel wird er sich jedoch höflich und respektvoll verhalten.

Das professionell inszenierte Rollenspiel zwischen dem Negotiator (Good Guy) und dem Bad Guy ist in der Lebenswirklichkeit Bestandteil jeder komplexen professionellen Verhandlung – es wird auch oft als „Good Guy/Bad Guy Taktik" bezeichnet (vgl. Jung und Krebs 2016, S. 211 f.).

Wenn Sie nicht die Möglichkeit haben, einen Bad Guy mit in die Verhandlungen zu nehmen, dann sollte der nicht in der Verhandlung anwesende Decision Maker (Senior Manager) als Bad Guy fungieren. Alle negativen Aspekte werden dann von dem Verhandlungsführer auf den Entscheidungsträger projiziert („Ich verstehe Sie und würde Ihnen den Punkt gerne geben, mein Senior Manager sieht das aber leider anders"). So macht es auch das FBI: „The negotiator must remain the „Good cop" while blaming others for bad news and negative responses" (Strentz 2018, S. 114).

## 2.3    Das High Performance Team

Bei einem Projekt, das besondere wirtschaftliche Relevanz hat und damit auch höhere Projektkosten rechtfertigt, unterscheide ich zwischen dem Projekt-Team (alle Personen, die bei dem Projekt mitwirken) und dem N-Team (nur diejenigen Personen, die am Verhandlungstisch sitzen).

Das Projekt-Team besteht aus einem Gremium (Ultimate Higher Authority), einem Decision Maker (z. B. Senior Manager), seinen Beratern (Experten) und dem N-Team.

Wenn der Senior Manager die oberste Instanz ist, dann ist er zugleich der „Ultimate Decision Maker". Idealerweise ist der Ultimate Decision Maker jedoch ein Gremium, das erst zusammenkommen muss, also nicht ad hoc entscheiden kann. So gewinnt das N-Team in kritischen Situationen Zeit („Über den Punkt kann das Gremium erst nächste Woche entscheiden") und muss sich nicht unter Druck setzen lassen.

Das **N-Team** besetze ich in der Regel mit genau 3 Personen (siehe unten Good Guy, Bad Guy und Secondary Negotiator) und habe mit einem solch kleinen N-Team – auch bei wichtigen und komplexen Transaktionen – sehr gute Erfahrungen gemacht.

### 2.3.1 Der Decision Maker

Die Erläuterungen zu Abschn. 2.1.1 gelten entsprechend. Es gibt jedoch immer mind. eine zweite Eskalationsstufe nach oben, idealerweise ein Gremium, das man nicht ad hoc (aus der Verhandlung heraus) erreichen und um eine Zustimmung bitten kann.

### 2.3.2 Der Primary Negotiator

Die Erläuterungen zu Abschn. 2.1.2 gelten entsprechend.

### 2.3.3 Der Bad Guy

Die Erläuterungen zu Abschn. 2.2.3 gelten entsprechend.

### 2.3.4 Der Secondary Negotiator

Ein Secondary Negotiator ist sehr erfahren, spricht bei der Verhandlung fast gar nicht und konzentriert sich voll auf das sog. Active Listening (vgl. Rock 2020, S. 19 ff.), hat viel Freiraum für seine eigenen Gedanken und eigenen Interpretationen. Er kann zudem in jeder Situation Distanz zum Geschehen entwickeln.

Er wird daher wesentlich mehr Eindrücke in der Verhandlungssituation sammeln als der Primary Negotiator und der Experte, die sich sehr intensiv auf ihre Rollen konzentrieren müssen. Während der Time-Outs kann der Secondary dann seine Eindrücke mitteilen und den Primary Negotiator coachen.

Die Aufgabe des Secondary Negotiators kann selbstverständlich von mehreren Personen wahrgenommen werden: „The secondary negotiator position may be filled by more than one person" (Strentz 2018, S. 73).

## 2.4    Das One Man Team

Wenn Sie auf sich allein gestellt sind, müssen Sie die beiden Rollen „Entscheidungsträger" und „Verhandlungsführer" abwechselnd „spielen". In dieser Situation gibt es eine Notlösung: Kreieren Sie ein „One Man Team" (Misino 2004, S. 17). Entscheiden Sie sich dabei bitte für eine der beiden folgenden Varianten: Weisen Sie Ihren Verhandlungspartner entweder darauf hin, dass Sie die Zustimmung eines Dritten benötigen (Variante 1) oder regen Sie vor einer Entscheidung (nur) ein Time-Out an (Variante 2):

In der Variante 1 (Berater und Time-Out) bestimmen Sie eine Person Ihres Vertrauens zu Ihrem Berater. Diesem Berater teilen Sie mit, dass Sie Ihre Entscheidung von seiner Zustimmung abhängig machen werden. Dies kann Ihr Ehepartner, Lebensgefährte oder ein Berater oder ein anderer Dritter sein, der Ihre mögliche Entscheidung kritisch hinterfragt und Sie vor zu schnellen Entscheidungen schützt, die nicht in Ihrem Interesse sind. Im privaten Bereich können Sie dann z. B. nach der jeweiligen Verhandlungs-Runde sagen: „Ich kann das nicht allein entscheiden, ich benötige dafür die Zustimmung von meinem Berater (meiner Frau/meinem Mann/meinem Partner/meiner Familie usw.), mit dem ich mich erst abstimmen möchte."

In der Variante 2 (nur Time-Out) erklären Sie am Ende jeder Verhandlungs-Runde – in Ihrer Rolle als Verhandlungsführer – gegenüber der anderen Seite, dass Sie derzeit keine endgültige Entscheidung fällen können und zuerst nochmals eine Bedenkzeit benötigen. Am besten, Sie schlafen eine Nacht darüber. Dann können Sie Abstand gewinnen. Dieses Prinzip (eine Nacht zu schlafen, bevor Sie eine wichtige Entscheidung fällen) ist so zentral, dass es sogar Bestandteil einer Rechtsnorm geworden ist. Gemäß § 6 Absatz 1, Satz 1 der Wehrbeschwerdeordnung ist die Beschwerde eines Soldaten erst zulässig, wenn er nach dem „Beschwerdeanlass" eine Nacht darüber geschlafen hat.

# Fünf Elemente des High Performance Briefings

# 3

Ziel des *essentials* ist, dass Sie als Senior Manager im Rahmen von wichtigen Verhandlungen Ihre Entscheidungen unter Beachtung der Best Practice treffen und so die optimale Performance erzielen. Ziel des High Performance Briefings ist immer die optimale Vorbereitung des gesamten Teams (**Discuss**) und Ihre optimale Entscheidung als Decision Maker (**Your Instruction**).

Das High Performance Briefing unterscheidet sich vom gewöhnlichen Briefing durch zwei Elemente (die psychologische Sicherheit und die Übernahme von Verantwortung). Diese beiden Elemente sind die Wesensmerkmale von Hochleistungsteams (vgl. Goller und Laufer 2018, S. 12 ff.) (Abb. 3.1).

## 3.1 Element Nr. 1: Eröffnen Sie die Team-Diskussion („Discuss")

Nachdem Sie (vorbehaltlich der Diskussion im Team) als Decision Maker Ihr Team bestimmt, die Optionen geklärt, die Positionen bestimmt (TOP), Information zum Verhandlungspartner (wenn möglich) analysiert (Learn) und die Konfliktstrategie an die Situation angepasst haben (Adapt), eröffnen Sie nun formal die Diskussion mit dem Verhandlungsteam (Discuss), um dem Team danach einen konkreten Auftrag zu erteilen (Your Instruction).

Das Kürzel LADY (**L**earn, **A**dapt, **D**iscuss, **Y**our Instruction) beschreibt die **„Mission Control",** die Sie als Senior Manager immer wieder durchführen (vgl. oben Ziffer 2.1.1.).

H. Rock, *High Performance Briefing/Debriefing von B2B Verhandlungen*, essentials, https://doi.org/10.1007/978-3-658-42354-4_3

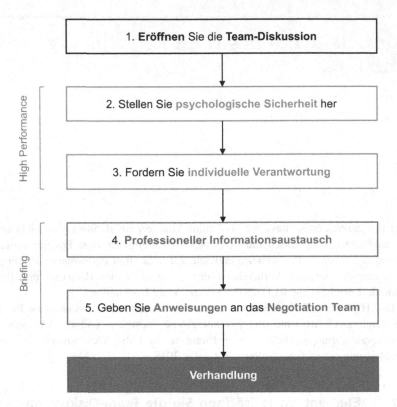

**Abb. 3.1**  5 Elemente des High Performance Briefings

## 3.2    Element Nr. 2: Stellen Sie die Psychologische Sicherheit des Teams her

Ich befasse mich zunächst mit der Definition des Konzepts der Psychologischen Sicherheit (vgl. Abschn. 3.2.1). Danach skizziere ich die Herstellung der Psychologischen Sicherheit durch den Decision Maker (vgl. Abschn. 3.2.2) und schließlich erkläre ich kurz die Folgen des Fehlens der Psychologischen Sicherheit (vgl. Abschn. 3.2.3).

in Abschn. 3.3 skizziere ich, warum die **Kombination** des Konzepts der **Psychologischen Sicherheit** mit der Bereitschaft der Teammitglieder, in hohem

Maße **Verantwortung** zu übernehmen, **der** Erfolgsfaktor von Höchstleistungsteams ist.

### 3.2.1  Definition

„**Psychologische Sicherheit**" ist die **gemeinsame** Überzeugung aller Teammitglieder, dass sie innerhalb ihres Teams „sicher" sind, also ihre jeweiligen Äußerungen in Teambesprechungen **keine negativen Folgen** für die Mitglieder haben.

Es geht nicht nur um Vertrauen zwischen Personen, sondern darüber hinaus um die „gemeinsame Überzeugung von einer psychologisch sicheren Team-Umgebung" (Bachmann und Quispe Bravo 2021, S. 319, 321).

Die Teammitglieder müssen insbesondere das **Gefühl** haben, dass sie für ihr Verhalten „nicht zurückgewiesen, bestraft oder bloßgestellt werden" (Bachmann und Quispe Bravo 2021, S. 319, 321).

Die Harvard Professorin **Amy Edmondson** formuliert wie folgt: "Psychological safety is a sense of confidence that the team will not embarrass, reject or punish someone for speaking up" (zitiert nach Hoffmann und Hanisch 2021, S. 1, 3).

Psychologische Sicherheit ist (nach einem Fragenkatalog von Goller/Bessant, zitiert nach Goller und Laufer 2018, S. 21) gegeben, wenn jedes einzelne Mitglied des Teams davon überzeugt ist, dass die folgenden Aussagen **zutreffen:**

- Es ist **sicher, ein Risiko** in diesem Team einzugehen;
- Es ist leicht, andere Teammitglieder um **Hilfe** zu bitten oder sie dazu zu bringen, Hilfe von Teammitgliedern zu akzeptieren;
- Die Mitglieder dieses Teams können **Probleme** und heikle Themen ansprechen, **ohne Widerstand** auszulösen;
- **Fehler** von Teammitgliedern werden ihnen **nicht vorgehalten;**
- **Niemand** in diesem Team würde absichtlich die Bemühungen anderer **untergraben;**
- Die Teammitglieder **akzeptieren Unterschiede** und **schätzen** die verschiedenen **Talente** der Teammitglieder;
- Die Teammitglieder sind begierig, **Informationen** darüber zu **teilen,** was **funktioniert** und **was nicht;**
- Die **Beziehungen** zwischen den Teammitgliedern sind **gut;**
- In diesem Team ist es **leicht** zu sagen, **was man denkt;**
- Das Niveau an **Vertrauen** ist in diesem Team **hoch.**

## 3.2.2  Stellen Sie die Psychologische Sicherheit her

Wie schon in der Einleitung erwähnt, handelt es sich bei der Psychologischen Sicherheit um „ein **Schlüsselkonzept der Teamarbeit** und damit der modernen Arbeitswelt" (Bachmann und Quispe Bravo 2021, S. 319, 323; Hervorhebung durch den Autor).

Die Installation dieses Schlüsselkonzepts ist die unabdingbare Grundvoraussetzung für ein High Performance Briefing. Die Installation ist kein einmaliger Vorgang.

Sie ist vielmehr „ein **kontinuierlicher Prozess,** der nie als abgeschlossen oder als sicher gelten kann" (Hoffmann und Hanisch 2021, S.1, 6, Hervorhebung durch den Autor Es ist zwingend erforderlich, dass alle „Interakteure .. letztlich durch ihr Handeln immer wieder die Etablierung der psychologischen Sicherheit gegenseitig bestätigen" (Hoffmann und Hanisch 2021, S.1, 6).

Aus diesem Grunde sollte der Decision Maker vor **jedem** Briefing die folgenden Regeln betreffend die Psychologische Sicherheit (kurz „**Sicherheits-Regeln**") klarstellen, die zum Zweck der Herstellung der Psychologischen Sicherheit von allen Mitgliedern des Teams einzuhalten sind:

1. **Safety:** Einem Mitglied des Teams entsteht **kein Nachteil** (gleich welcher Art), wenn es sich kritisch zu den Beiträgen des Decision Makers und/oder der anderen Teilnehmer des Briefings äußert.
   **Fehler** von Mitgliedern des Teams sind willkommen, weil alle Mitglieder des Teams aus ihnen lernen können. Es findet kein „Blame Game" statt.
   Jedes Teammitglied hat sein individuelles Talent und wird von den anderen Mitgliedern so **respektiert,** wie es ist.
2. **Speak Up:** Jedes Mitglied des Verhandlungsteams soll sich zu den Beiträgen des Decision Makers und den Beiträgen der anderen Mitglieder aktiv äußern (vgl. Friese 2021, S. 8 f.). Dabei gilt:
   – Kritische Beiträge zur Mission sind erwünscht;
   – Konflikte (unterschiedliche Positionen der Teammitglieder) sind positiv, sie werden professionell gelöst;
   – Neue Ideen zur Mission sind erwünscht;
   – Das Infragestellen des Status Quo der Mission ist erwünscht;
   – Inhaltlich klare Aussagen zur Mission werden persönlich respektvoll vorgetragen;
   – Jedes Mitglied soll seinen Beitrag zu einem optimalen Informationsaustausch leisten, damit der Decision Maker auf Basis möglichst vieler Fakten und Meinungen entscheiden kann.

**Abb. 3.2** Die Sicherheits – Regeln

- Feedback in Bezug auf andere Mitglieder des Teams ist immer wertschätzend, motivierend und konstruktiv, um eine Ausgrenzung von Teammitgliedern zu vermeiden (vgl. Rödel und Krach 2023, Ziffer 3.2). Dabei gilt:
  „Hilfreiches Feedback ist **hart zum Problem, aber nett zu den Menschen.**
  Es geht also darum, **kristallklar die Probleme anzusprechen** und damit
  auch ... z. B. dem Leistungsgedanken deutlich Ausdruck zu verleihen, ohne
  den betroffenen Menschen dabei zu „beschädigen"" (Goller und Laufer
  2018, S. 25 f.).
3. **Active Listening:** Der Decision Maker und die anderen Mitglieder haben
   dem jeweils Redenden zuzuhören und ihn mit **Respekt** zu behandeln. Die
   zuhörenden Mitglieder des Teams sind **emphatisch** und zeigen Verständnis,
   unabhängig davon, ob sie zustimmen (vgl. Goller und Laufer 2018, S. 36;
   Hervorhebung durch den Autor) (Abb. 3.2).

### 3.2.3 Folgen ohne Psychologische Sicherheit

Der Vollständigkeit halber weise ich auch darauf hin, welches Risiko besteht,
wenn der Decision Maker die Psychologische Sicherheit zu Beginn des Briefings/
Debriefings **nicht** herstellt:

„Wo wenig psychologische Sicherheit herrscht, verhalten sich Menschen ten-
denziell **wirkungsorientiert**, d. h. aus Sorge, einen inkompetenten Eindruck zu

machen, werden Ideen nicht genannt, Meinungen zurückgehalten, und eigene Fehler vertuscht … Anders formuliert tendiert die Gruppe zu einem **sozialen Konformismus,** also der Tendenz, dass sich die Gruppenmitglieder so verhalten, wie sie glauben, dass es von ihnen erwartet wird. Kreativität und kreative Zerstörung wird so nicht möglich" (Hoffmann und Hanisch 2021, S. 1, 3; Hervorhebung durch den Autor).

Zu dem Phänomen des Gruppendenkens finden Sie weitere Ausführungen in Abschn. 5.3.2.

## 3.3   Element Nr. 3: Fordern Sie die Übernahme von Verantwortung

Siehe (Abb. 3.3).

### 3.3.1   Verlassen Sie die Komfortzone

Stellen Sie als Decision Maker klar, dass Sie von jedem Teammitglied eine **hohe Bereitschaft** zur Übernahme von **Verantwortung** in Bezug auf das Erreichen der Mission erwarten. Erfolgreiche Menschen suchen immer die Herausforderung, sie verlassen bei der Erreichung Ihrer Ziele bewusst die Komfortzone, ihr Motto

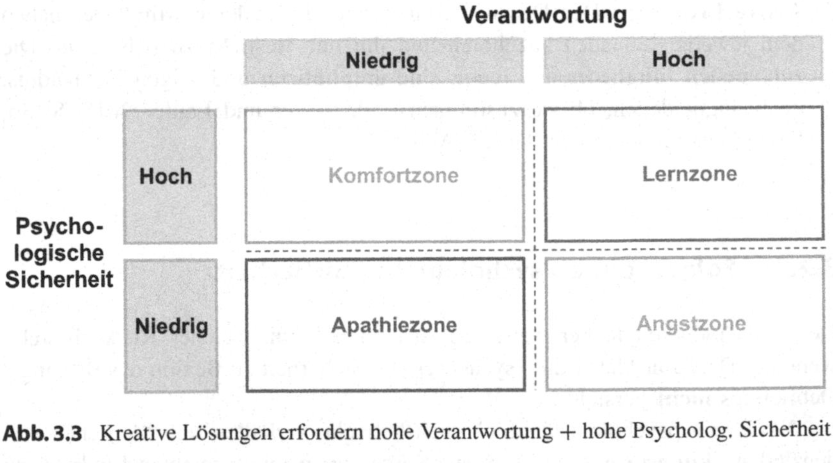

**Abb. 3.3** Kreative Lösungen erfordern hohe Verantwortung + hohe Psycholog. Sicherheit

lautet: „**Always seek challenge, … get out of your comfort zone**" (Kohlrieser 2006, S. 223).

Der Hintergrund ist sehr einfach: Es ist wissenschaftlich erwiesen, dass **nur** die **Kombination** von Psychologischer Sicherheit und hoher Verantwortungsbereitschaft zu **kreativen Lösungen** führen kann: „Wichtig ist an dieser Stelle, dass allein psychologische Sicherheit nicht zu einem produktiven Zustand des Lernens führt, sondern nur dann, wenn sie gekoppelt ist mit einer hohen Bereitschaft der Teammitglieder, Verantwortung zu übernehmen. Ansonsten bleibt die Gruppe in der sogenannten Komfortzone stecken, in der sich die Gruppenmitglieder zwar sicher fühlen, aber wenig Kreativität und Eigenengagement zeigen" (Hoffmann und Hänisch 2021, 1, 4).

### 3.3.2  Professionelles Brainstorming und produktive Feedbackprozesse

Wenn die Mitglieder des Teams die Sicherheit gem. Sicherheits-Regel 1) tatsächlich fühlen, zugleich eine hohe Verantwortungsbereitschaft aufweisen (vgl. Abschn. 3.2) und mit diesem Mind-Set die Sicherheits-Regeln 2) Speak Up und 3) Active Listening) umsetzen, führt dies insbesondere zu zwei Effekten: i) in Bezug auf die Mission wird ein **professionelles Brainstorming** ermöglicht und ii) innerhalb der Mitglieder des Teams entwickeln sich **produktive Feedbackprozesse**.

Hoffmann/Hanisch formulieren: „Anders erlebt ein Team mit psychologischer Sicherheit einen ständigen „Brainstorming-Zustand". Es entsteht ein positiver Feedbackzirkel, in dem neue Ideen weitere neue Ideen generieren" (Hoffmann und Hanisch 2021, S. 1, 3).

## 3.4     Element Nr. 4 Informationsaustausch

Nachdem Sie die Psychologische Sicherheit durch die Klarstellung der 3 Sicherheits-Regeln (Safety, Speak Up, Active Listening) hergestellt und die Verantwortung jedes Teammitglieds für den Erfolg der Mission eingefordert haben („Get out of your comfort zone"), beginnen Sie mit dem Professionellen Informationsaustausch zwischen Ihnen als Senior Manager und dem Projekt Manager bzw. dem N-Team (wenn vorhanden).

Diskutieren Sie Ihre Standpunkte zu den folgenden Aspekten: i) Team, ii) Optionen, iii) Positionen, iv) evtl. bekannte Informationen zum Verhandlungspartner (Learn) und v) evtl. Anpassungen der eigenen Positionen und der Konflikt-Strategie (Adapt).

Nach diesem Informations- und Meinungsaustausch beenden Sie das High Performance Briefing mit dem fünften Element, nämlich Ihrem Auftrag an den Negotiator (bzw. das N-Team) in Bezug auf die geltend zu machenden Positionen und die anzuwendende Konflikt-Strategie (**Your Instruction,** vgl. nachf. Abschn. 3.5).

### 3.4.1  Team-Aufstellung

Ihre erste Aufgabe als Senior Manager bzw. Decision Maker ist die Aufstellung des Teams. Stellen Sie also klar, wer welche Funktion bzw. Rolle im Team wahrnimmt. Die Einzelheiten der Team-Strategie habe ich oben in Kap. 2 dargestellt. Der Projekt Manager ist i.d.R. zugleich der Primary Negotiator.

**Fragen Sie das Team,** ob es zur Team-Aufstellung Anregungen hat.

Wenn Sie die **Psychologische Sicherheit** hergestellt (Safety, Speak Up, Active Listening) **und** erfolgreich hohe **Verantwortung** gefordert haben („Get out of your comfort zone"), dürfen Sie mit einem innovativen Informationsaustausch rechnen.

### 3.4.2  Optionen

Teilen Sie dem Team mit, welche Optionen Sie aktuell sehen (z. B. Verhandlung mit mehreren Lieferanten). Teilen Sie auch mit, wie Sie die Optionen zur bevorstehenden Verhandlung aktuell einschätzen (z. B. als sichere Option oder mögliche Option bzw. als gute Option oder als schlechte Option).

Diese Offenheit als Senior Manager setzt voraus, dass der Negotiator (bzw. das N-Team) sehr professionell handelt und weiß, dass man sich nicht von schlechten Optionen demotivieren lässt. Unabhängig von der Zahl und der Bewertung der Optionen gilt für den professionellen Negotiator in der jeweiligen Verhandlung immer die Regel „**Focus on your goal**" (Misino 2004, S. 171).

**Fragen Sie das Team,** ob es zu den Optionen Anregungen hat.

Wenn Sie die **Psychologische Sicherheit** hergestellt (Safety, Speak Up, Active Listening) **und** erfolgreich hohe **Verantwortung** gefordert haben („Get out of your comfort zone"), dürfen Sie mit einem innovativen Informationsaustausch rechnen.

**Achtung:** Wenn Sie nicht wissen, wie professionell Ihr Negotiatior (bzw. Ihr N-Team) handelt, sollten Sie nur vage mitteilen, dass Sie noch andere Optionen haben. Stellen Sie auch klar, dass Sie nicht das sog. BATNA-Modell anwenden (vgl. dazu Rock 2022).

### 3.4.3 Positionen

Erklären Sie als Decision Maker dem Team in Bezug auf das konkrete **Projekt** (z. B. Einkauf einer bestimmten Ware bei einem konkreten Lieferanten), welche **Positionen** sie in Bezug auf die jeweiligen **Themen** (z. B. Qualität des Kaufgegenstandes, Preis, Lieferzeit, Abnahmepflicht, Lieferzeit, Kündigungsfrist usw.) vertreten.

**Fragen Sie das Team,** ob es zu den Themen und/oder Positionen Anregungen hat.

Wenn Sie die **Psychologische Sicherheit** hergestellt (Safety, Speak Up, Active Listening) **und** erfolgreich hohe **Verantwortung** gefordert haben („Get out of your comfort zone"), dürfen Sie mit einem innovativen Informationsaustausch rechnen.

### 3.4.4 Learn

Teilen Sie dem Team mit, was Sie bisher über den Verhandlungspartner gelernt haben. Wenn Sie keine Erkenntnisse haben, können Sie diese Aufgabe überspringen. Es ist ohnehin die Aufgabe des Verhandlungsteams, erst **nach** dem ersten Briefing herauszufinden, was Ihr Partner will: „Finding out what the other side wants is the negotiator's job. Acting on it is the commander's" (Misino 2004, S. 126).

Falls Sie bereits Erkenntnisse in Bezug auf den Partner haben, sollten Sie die 7 Schritte der Aufgabe „Learn" beachten (vgl. Rock 2020, S. 27 ff.).

Die Bedeutung der Aufgabe Learn skizziere ich anhand des „Vertragsstrafen-Falles", natürlich einem **„Praxis-Beispiel".**

1. **Ignorieren** Sie (zunächst) die vom Partner kommunizierten Positionen.

Gehen Sie immer zunächst von Kommunikationsstörungen aus, die verhindern, dass Sie sofort verstehen, was der Partner wirklich will. Behandeln Sie zuerst gehörte Positionen als bloße „Schein-Positionen".
**Praxis-Beispiel:** Ihr Partner fordert **pauschal** eine Vertragsstrafe i.H.v. EUR 100.000 für **jeden** Verstoß gegen jede Verpflichtung aus dem Vertrag. Der Vertrag enthält u.a. auch die Pflicht, auf Verlangen des Partners bestimmte vertrauliche Unterlagen zu vernichten und bestimmte Lieferfristen einzuhalten, zu bestimmten Tagen, Berichte abzuliefern usw.
Die Forderung der pauschalen Vertragsstrafe für jede noch so unbedeutende Verpflichtung kommt Ihnen absurd vor.
Ein häufiger Fehler ist die sofortige (nicht selten unfreundliche) Reaktion.
Als Profi ignorieren Sie die Forderung bitte zunächst, gehen Sie von einem Kommunikationsversehen aus.

2. Schritt 2: **Analysieren** Sie das Partner-Team
Liegen Ihnen bereits Informationen zur Team-Aufstellung Ihres Partners vor?
Identifizieren Sie den Decision Maker des Partner-Teams und lassen Sie Ihren Primary Negotiator (Projekt Manager) möglichst mit ihm verhandeln.
Identifizieren Sie den Primary Negotiator des Partner Teams.
**Praxis-Beispiel:** Die Forderung der Vertragsstrafe wird von einem Berater geltend gemacht, der auch die Verhandlungen führt. Der Decision Maker bleibt im Hintergrund. Damit steht fest, dass der Partner zumindest ein Standard-Team (vgl. oben Abschn. 2.1) installiert hat.

3. Schritt 3: **Analysieren** Sie die Situation(en)
   – **World-Check**
   Liegen Ihnen bereits Informationen zur Weltsicht Ihres Partners vor?
   Die Analyse der Mission des jeweiligen Partners (und deren Komponenten) beginnt immer mit der Technik des **Role Reversal.** Role Reversal bedeutet in folgender Reihenfolge:
   **Verlassen** Sie bewusst Ihre eigene Welt.
   Betreten Sie die **emotionale** und die **rationale** Welt Ihres Partners.
   **Praxis-Beispiel:** Sie erfahren, dass der Partner sehr gewissenhaft und zugleich extrem skeptisch ist, sehr vorsichtig agiert und in der Vergangenheit schlechte Erfahrungen mit Vertragspartnern gemacht hat.
   – **Leverage-Check**
   Liegen Ihnen bereits Informationen zum Leverage Ihres Partners vor?
   Was benötigen Sie von Ihrem Partner qualitativ? Ist Ihr Partner (nahezu) der Einzige, der genau diese Qualität liefern kann?
   Glaubt Ihr Partner, dass er der Einzige ist, der diese Qualität liefern kann?

Wie wirkt sich der Leverage Ihres Partners auf Ihren Verhandlungs-Auftrag, insbesondere Ihre Positionen aus (Zuschlag/Abschlag)?

**Praxis-Beispiel:** Der Partner liefert eine Ware, die auch andere liefern können, er ist jedoch für seine große Gewissenhaftigkeit bekannt. Deshalb hat er Leverage.

– **Options-Check**

Liegen Ihnen bereits Informationen zu den Optionen Ihres Partners vor? Hat Ihr Partner **sichere** Optionen oder **mögliche** Optionen?

Wie **wirken** sich die Optionen Ihres Partners auf Ihren Verhandlungs-Auftrag, insbesondere Ihre Positionen **aus** (Zuschlag/Abschlag)?

**Praxis-Beispiel:** Sie wissen als Decision Maker, dass Ihr Partner nicht mit Ihnen verhandeln muss, weil er viele Optionen hat.

– **Overconfidence-Check**

Machen Sie sich bewusst, dass der Mensch dazu neigt, seine Fähigkeiten zu überschätzen (Overconfidence-Effekt), was wiederum zu Fehl-Urteilen führen kann (Overconfidence Bias).

Bekämpfen Sie die Auswirkungen des Overconfidence-Effektes, indem Sie 3 Fragen beantworten:

Die **Qualitäts**-Frage: Liegen Ihnen Informationen vor, die Sie als (sichere) Fakten (und nicht als bloße Vermutungen) einstufen?

Die **Quantitäts**-Frage: Liegen Ihnen **alle** Relevanten Informationen vor?

Die **Rationalitäts**-Frage: Haben Sie die Gesetze der Statistik und der Wahrscheinlichkeit sowie Ihren eigenen Nutzen beachtet?

**Praxis-Beispiel:** Diskutieren Sie in dem Team, in dem Sie das Konzept der Psychologischen Sicherheit installiert haben, ob die Annahmen zur Situation (Position, Optionen, Leverage) des Partners von allen geteilt werden.

Im vorliegenden Fall hat ein Teammitglied klargestellt, dass die Informationslage eigentlich eher „dünn" ist und es sich damit derzeit nur um bloße Vermutungen handelt.

Diese Einsicht hat allen Teammitgliedern vor Augen geführt, wie wichtig die bevorstehenden Verhandlungen sind, um mehr Erkenntnisse zu erlangen.

4. **Schritt 4: Interpretieren** Sie die Partner-Positionen

Interpretieren Sie die ursprünglich geäußerten Partner-Positionen auf Grundlage der aktuellen Informationen zu der Partner-**Situation** (World-Check, Leverage-Check, Options-Check, Overconfidence-Check).

**Praxis-Beispiel:** Aufgrund der bloßen Vermutungen gibt es aktuell nur eine Interpretation: Der Partner will aufgrund seiner enormen Skepsis eine umfassende Vertragsstrafe durchsetzen.

5. Schritt 5: **Klären** Sie den wirklichen Inhalt der Partner-Positionen
   Klären Sie durch gezielte Fragen, ob Ihre Vermutungen zutreffend sind („Never assume – clarify statements"; Greenstone 2005, S. 127).
   **Praxis-Beispiel:** Als Decision Maker werden Sie Ihr Verhandlungsteam auffordern, in der nächsten Verhandlung zu klären, ob die Vertragsstrafe wirklich so umfassend gemeint ist.

6. Schritt 6: **Definieren** Sie die einzelnen Konflikte
   Erstellen Sie eine Offene Punkte Liste mit den zwei Arten von Konflikten, den „Schein-Konflikten" und den „Echten Konflikten" (zur Definition s.u.).
   **Praxis-Beispiel:** In unserem Fall haben Sie im Briefing, also dem **ersten** Informationsaustausch vor der **ersten** Verhandlung (wie so häufig) noch **nicht** genügend Informationen, um die Offenen Punkte (Konflikte) zu analysieren. Erst im Debriefing (jeder Informationsaustausch **nach** der **ersten** Verhandlung) haben Sie mehr Informationen.

**Definitionen**

Ein „**Schein-Konflikt**" liegt vor, wenn die von beiden Seiten ursprünglich genannten Positionen sich widersprechen, die Positionen, die man durch die o.g. Schritte 2 bis 5 (manchmal sehr mühsam) ermittelt, sich jedoch nicht widersprechen.

Ein „**Echter Konflikt**" liegt vor, wenn sowohl die ursprünglich genannten Positionen als auch die durch die Schritte 2 bis 5 ermittelten Positionen sich widersprechen.

Der Schein-Konflikt ist Gegenstand eines bekannten Lehrbuch-Beispiels, dem „**Orangen Fall**" (vgl. Fisher et al. 2002, S. 90), den ich nachfolgend leicht modifiziert habe.

Zwei Schwestern sehen in der Küche gemeinsam eine Orange, die ich nachfolgend auch als „**Harvard-Orange**" bezeichne. Jede Schwester möchte die Orange für sich haben. Nachdem sie sich nicht einigen können (Deadlock), schlägt die Mutter vor, die Orange in der Mitte durchzuschneiden. Damit das Ergebnis gerecht ist, soll die eine Schwester die Orange teilen und die andere Schwester darf bestimmen, wer welche Hälfte erhält (fauler Kompromiss). Danach kommt die Überraschung: Die eine Schwester („S") verwertet von ihrer Hälfte nur die Schale (und wirft das Fruchtfleisch weg), weil sie die Schale als Aroma für einen Kuchen benötigt; die andere Schwester („F") verwertet von ihrer Hälfte nur das Fruchtfleisch (und wirft die Schale weg), weil sie aus dem Fruchtfleisch einen Saft pressen möchte.

Hätte jede Schwester zunächst die Position der anderen Schwester **ignoriert** und dann die **Situation** der anderen Schwester **analysiert,** also die Welt der jeweils anderen Schwester betreten und nach den zugrunde liegenden Interessen gefragt, hätte sie erfahren, was die jeweils andere Schwester mit der Orange vorhat. Die Schwester S hätte die Information erhalten, dass F sich aus dem Fruchtfleisch einen Saft pressen möchte. Schwester S hätte die Schein-Position von F „Ich will die Orange" auf Grundlage dieser Information **interpretieren** können. S wäre dann – als Arbeitshypothese – von der **Position** „Ich will nur das Fruchtfleisch" ausgegangen. Danach hätte S Ihre Vermutung **geklärt** und F gefragt: „Verstehe ich Dich richtig, dass Du eigentlich nur das Fruchtfleisch benötigst? Nach dem „Ja" hätte S weiter gefragt, „würdest Du mir dann die Schale überlassen?". Wenn dann F erneut mit „Ja" antwortet, hätte S einen klassischen **Schein-Konflikt** herausgearbeitet bzw. **definiert.** Die wirklich klar formulierten Positionen („Ich will die Schale" versus „Ich will das Fruchtfleisch") widersprechen sich nämlich nicht.

Der Orangen-Fall ist nicht nur ein Fall aus dem Lehrbuch. Es ist der sehr häufige Fall eines klassischen Missverständnisses, das man verhindern kann, wenn man kommunizierte Positionen zunächst **ignoriert** und als Schein-Positionen in den mentalen Papierkorb wirft, die Partner-Situation **analysiert** und dann die Schein-Position **interpretiert.** Sodann ist die vermutete Position durch gezielte Fragen zu **klären.** Schließlich kann man den Konflikt bzw. den Schein-Konflikt in Schritt 6 **definieren.**

Ein Echter Konflikt wäre gegeben, wenn wirklich – auch nach Klärung der Interessen – beide Schwestern genau diese Orange gefordert hätten.

7. Schritt 7: Analysieren Sie die eigene Situation
   Analysieren Sie nun erneut Ihre eigene Situation: Bleibt es bei den Positionen, sind die Optionen unverändert? Ist der eigene Leverage unverändert?
   **Praxis-Beispiel:** In unserem Fall haben Sie im Briefing, also dem **ersten** Informationsaustausch vor der **ersten** Verhandlung noch nicht genügend Informationen, um die eigene Situation erneut zu bestimmen.
   **Fragen Sie das Team,** ob es zu den einzelnen Schritten Anregungen hat.
   Wenn Sie die **Psychologische Sicherheit** hergestellt (Safety, Speak Up, Active Listening) **und** erfolgreich hohe **Verantwortung** gefordert haben („Get out of your comfort zone"), dürfen Sie mit einem innovativen Informationsaustausch rechnen.

## 3.4.5 Adapt

Diskutieren Sie als Decision Maker (Senior Manager), ob Sie Ihre ursprünglichen Positionen aufgrund der eventuellen Erkenntnisse auf der Stufe „Learn" anpassen und welche Konflikt-Strategie in der bevorstehenden Verhandlung vom Negotiator (Projekt Manager) angewendet werden soll (**Adapt**).

Gemäß dem international anerkannten Thomas-Kilmann-Conflict Mode Instrument (https://kilmanndiagnostics.com/overview-thomas-kilmann-conflict-mode-instrument-tki/) gibt es grundsätzlich 5 verschiedene Strategien, um Konflikte (auch in Verhandlungen) zu lösen: (i) **Competing** (Sie wollen sich durchsetzen und gewinnen), (ii) **Avoiding** (Konflikt jetzt nicht angehen, das „Spiel auf Zeit"), (iii) **Accomodating** (Nachgeben, ohne dafür eine Gegenleistung zu erhalten), (iv) **Collaborating** (Kooperation, um Lösungen zu finden, mit denen beide zufrieden sind) und (v) **Compromising** (alle sind mit dem schnell gefundenen „faulen Kompromiss" unzufrieden) (zu den Einzelheiten vgl. Rock 2020, S. 40 ff.).

Als Decision Maker geben Sie im Briefing, also dem **ersten** Informationsaustausch vor der **ersten** Verhandlung **immer** die Strategie **Competing** vor.

Der Primary Negotiator wird die vom Decision Maker vorgegebenen Positionen inhaltlich unnachgiebig und persönlich sehr respektvoll geltend machen.

Dabei klärt er durch die Diskussionen die offenen Punkte bzw. arbeitet geduldig die Konflikte heraus.

**Praxis-Beispiel:** Als Decision Maker werden Sie dem Negotiator den Auftrag erteilen, die Strategie Competing anzuwenden, insbesondere also die Klausel betreffend die Vertragsstrafe abzulehnen.

**Fragen Sie das Team,** ob es zur Aufgabe Adapt Anregungen hat.

Wenn Sie die **Psychologische Sicherheit** hergestellt (Safety, Speak Up, Active Listening) **und** erfolgreich hohe **Verantwortung** gefordert haben („Get out of your comfort zone"), dürfen Sie mit einem innovativen Informationsaustausch rechnen.

Sie werden dennoch im ersten Briefing in der Regel die Konflikt-Strategie „Competing" vorgeben, weil nur so alle Konflikte geklärt werden können.

## 3.5 Element Nr. 5: Geben Sie Ihrem Team als Decision Maker – nach der Diskussion – einen klaren Auftrag (Your Instruction).

Der Auftrag bezieht sich immer auf die folgenden 5 Aspekte:

### 3.5.1 Mache die vorgegebenen (und diskutierten) Positionen geltend

**Praxis-Beispiel:** Mache geltend, dass wir eine Vertragsstrafe **nicht** akzeptieren.

Wähle insbesondere 3 Waffen der Beeinflussung: Das **Argument** (wir akzeptieren die Vertragsstrafe nicht, **weil** sie pauschal jede noch so geringfügige Verletzung bestraft, obwohl diese bei Ihnen zu keinem erheblichen Schaden führt (wie z. B. die Verletzung der Pflicht, eine sich ändernde E-Mail Adresse eines Ansprechpartners unverzüglich zu melden).

Mache geltend, dass eine Vertragsstrafe dem Branchen-Standard widerspricht **(Soziale Bewährtheit)**. Bringe vor, dass ich als Decision Maker die Vertragsstrafe nicht genehmigen werde **(Autorität)**. Zu diesen und den weiteren Waffen der Beeinflussung vgl. Rock 2019, S. 321 ff.

### 3.5.2 Wende die vorgegebene Konfliktstrategie an

Beim Briefing, also dem **ersten** Informationsaustausch vor der **ersten** Verhandlung ist das immer die Professionelle Konfrontation (vgl. oben Abschn. 3.4.5).

### 3.5.3 Analysiere die Konflikte („Learn") unter Beachtung der 7 Stufen

1. Gehe immer von Kommunikationsversehen aus und ignoriere zuerst genannte Positionen.
2. Analysiere das Team des Partners (wer ist Decision Maker, wer ist Negotiator?)
3. Analysiere die Situation des Partners (World-Check, Options-Check, Leverage-Check, Overconfidence-Check).
4. Interpretiere die ursprünglich genannten Positionen.

5. Kläre die Richtigkeit der Interpretation (Never assume – clarify).
6. Definiere die Konflikte (Echte Konflikte und Schein-Konflikte).
7. Analysiere die eigene Situation?

**3.5.4.** Rege **Time Outs** an, wenn Unsicherheiten auftreten, um im N-Team das weitere Vorgehen abzustimmen.

**3.5.5. Report Back,** berichte also in ausgewählten Time-Outs an mich.
Dieser Bericht ist zugleich der formale Einstieg in das Debriefing, das ich im nächsten Kapitel beschreibe.

# Fünf Elemente des High Performance Debriefings

**4**

Wie schon in Kap. 1 hervorgehoben, verstehe ich unter „**High Performance Debriefing**" jede Art von Kommunikation (z. B. Meeting, Conference Call, Video Conference), die aus fünf Elementen besteht: **(i)** der formalen Eröffnung der Diskussion des Decision Makers mit dem Verhandlungstcam (Discuss) auf Veranlassung des Verhandlungsteams (Report Back), **(ii)** der Herstellung der **Psychologischen Sicherheit** im Team, **(iii)** dem Einfordern von **Verantwortung** von jedem Teammitglied, **(iv)** dem **Professionellen Informationsaustausch** der Teammitglieder in Bezug auf die letzte Verhandlung, mit dem Zweck der Entwicklung von **kreativen Lösungsvorschlägen** sowohl in Bezug auf die Konflikte als auch in Bezug auf die Verbesserung der eigenen Zusammenarbeit und **(v)** dem neuen konkreten Auftrag des Senior Managers an den Projekt Manager bzw. das N-Team für die nächste Verhandlung (**Your Instruction**). (Abb. 4.1)

## 4.1 Element Nr. 1: Eröffnen Sie formal die Team-Diskussion (Discuss)

Nach der Beendigung einer Verhandlungsrunde (oder mittendrin) nimmt der Projekt Manager bzw. das N-Team Kontakt zum Decision Maker auf, um diesen zu unterrichten (**Report Back**). Daraufhin eröffnet der Decision Maker formal die Team-Diskussion bzw. das Debriefing (**Discuss**).

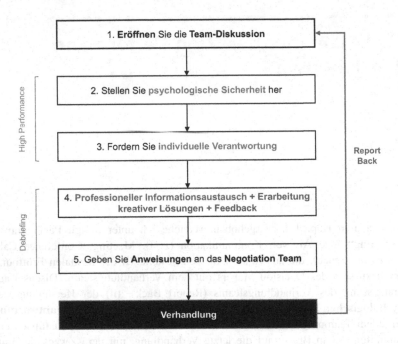

**Abb. 4.1**  Elemente des High Performance Debriefings

## 4.2    Element Nr. 2: Stellen Sie die Psychologische Sicherheit des Teams her

### 4.2.1    Definition

Die ausführliche Definition finden Sie in Abschn. 3.1. Damit Sie nicht zurück-blättern müssen, wiederhole ich hier die Kurzfassung:

   „**Psychologische Sicherheit**" ist die **gemeinsame** Überzeugung aller Team-mitglieder, dass sie innerhalb ihres Teams „sicher" sind, also ihre jeweiligen Äußerungen **keine negativen Folgen** für die Mitglieder haben (vgl. Bachmann und Quispe Bravo 2021, S. 319, 321).

## 4.2.2   Stellen Sie die Psychologische Sicherheit her

Wie schon in Kap. 3 erwähnt, handelt es sich bei der Psychologischen Sicherheit um „ein **Schlüsselkonzept der Teamarbeit** und damit der modernen Arbeitswelt" (Bachmann und Quispe Bravo 2021, S. 319, 323; Hervorhebung durch den Autor).

Stellen Sie als Decision Maker (Senior Manager) vor **jedem** Debriefing klar, dass die folgenden **Sicherheits-Regeln** zum Zweck der Herstellung der Psychologischen Sicherheit von allen Mitgliedern des Teams einzuhalten sind:

1. **Safety:** Einem Mitglied des Teams entsteht **kein Nachteil** (gleich welcher Art), wenn es sich kritisch zu den Beiträgen des Decision Makers und/oder der anderen Teilnehmer des Debriefings äußert.
   **Fehler** von Mitgliedern des Teams sind willkommen, weil alle Mitglieder des Teams aus ihnen lernen können. Es findet kein „Blame Game" statt.
   Jedes Teammitglied hat sein individuelles Talent und wird von den anderen Mitgliedern so **respektiert,** wie es ist.
2. **Speak Up:** Jedes Mitglied des Verhandlungsteams soll sich zu den Beiträgen des Decision Makers und den Beiträgen der anderen Mitglieder aktiv äußern (vgl. Friese 2021, S. 8 f.). Dabei gilt:
   – Kritische Beiträge zur Mission sind erwünscht;
   – Konflikte (unterschiedliche Positionen der Teammitglieder) sind positiv, sie werden professionell gelöst;
   – Neue Ideen zur Mission sind erwünscht;
   – Das Infragestellen des Status Quo der Mission ist erwünscht;
   – Inhaltlich klare Aussagen zur Mission werden persönlich respektvoll vorgetragen;
   – Jedes Mitglied soll seinen Beitrag zu einem optimalen Informationsaustausch leisten, damit der Decision Maker auf Basis möglichst vieler Fakten und Meinungen entscheiden kann.
   – Feedback in Bezug auf andere Mitglieder des Teams ist immer wertschätzend, motivierend und konstruktiv, um eine Ausgrenzung von Teammitgliedern zu vermeiden (vgl. Rödel und Krach 2023, Ziffer 3.2). Dabei gilt: „Hilfreiches Feedback ist **hart zum Problem, aber nett zu den Menschen.** Es geht also darum, **kristallklar die Probleme anzusprechen** und damit auch ... z. B. dem Leistungsgedanken deutlich Ausdruck zu verleihen, ohne den betroffenen Menschen dabei zu „beschädigen"" (Goller und Laufer 2018, S. 25 f.).

3. **Active Listening:** Der Decision Maker und die anderen Mitglieder haben dem Redenden zuzuhören und ihn mit **Respekt** zu behandeln. Die zuhörenden Mitglieder des Teams sind **emphatisch** und zeigen Verständnis, unabhängig davon, ob sie zustimmen (vgl. Goller und Laufer 2018, S. 36; Hervorhebung durch den Autor).

## 4.3    Element Nr. 3: Fordern Sie die Übernahme von Verantwortung

### 4.3.1   Verlassen Sie die Komfortzone

Stellen Sie als Decision Maker klar, dass Sie von jedem Teammitglied eine **hohe Bereitschaf**t zur Übernahme von **Verantwortung** in Bezug auf das Erreichen der Mission erwarten. Erfolgreiche Menschen suchen immer die Herausforderung, sie verlassen bei der Erreichung Ihrer Ziele bewusst die Komfortzone, ihr Motto lautet: „**Always seek challenge, … get out of your comfort zone**" (Kohlrieser 2006, S. 223).

### 4.3.2   Professionelles Brainstorming und produktive Feedbackprozesse

Wenn die Mitglieder des Teams die Sicherheit gem. Sicherheits-Regel 1) tatsächlich fühlen, zugleich eine hohe Verantwortungsbereitschaft haben (vgl. Abschn. 3.2) und mit diesem Mind-Set die Sicherheits-Regeln 2) Speak Up und 3) Active Listening) umsetzen, führt dies insbesondere zu zwei Effekten: (i) in Bezug auf die Mission wird ein **professionelles Brainstorming** ermöglicht und (ii) innerhalb der Mitglieder des Teams entwickeln sich **produktive Feedbackprozesse** (vgl. oben Abschn. 3.3.2).

## 4.4    Element Nr. 4: Informationsaustausch/Kreative Lösungen/Feedback

Fragen Sie als Decision Maker Ihr Team nach dem Verlauf der Verhandlung.

### 4.4.1   Ice Breaker

Beginnen Sie als Ice Breaker mit der Frage: „Wie ist es gelaufen, was ist Euer persönlicher Eindruck?"

### 4.4.2   Positionen und Konflikte

Fragen Sie das Team, ob es die Positionen des Partners schon so weit geklärt hat, dass auch die Konflikte schon definiert werden können. Orientieren Sie sich an den 7 Schritten der Aufgabe „Learn":

1. Was waren die **ursprünglichen Forderungen** des Partners?
   (Gehe immer von Kommunikationsversehen aus und ignoriere zuerst genannte Positionen)
   **Praxis-Beispiel:** Jede Verletzung einer Vertragspflicht durch uns führt zu einer Vertragsstrafe i. H. v. EUR 100.000.
2. Konntet Ihr das **Partner-Team** analysieren?
   Kennt Ihr den Decision Maker? Wer ist Negotiator?
   **Praxis Beispiel:** Wir haben neue Erkenntnisse: Neben dem Decision Maker und seinem Berater, der als Negotiator auftritt, gibt es noch einen Anwalt als Experten, der offenbar in alle Entscheidungen eingebunden wird.
3. Konntet Ihr die **Situation** unseres Partners analysieren?
   – **World-Check**
   Versteht Ihr die Weltsicht des Decision Makers? Was ist ihm wichtig? Was lässt ihn nachts nicht schlafen?
   **Praxis Beispiel:** Er ist extrem skeptisch. Die größte Sorge ist, dass wir vertrauliche Informationen an einen seiner Wettbewerber weitergeben. Das war die Kernaussage.
   – **Leverage-Check**
   Inwieweit glaubt der Partner, dass er uns etwas Einzigartiges liefert, inwieweit spürt er Verhandlungs-Leverage?
   **Praxis Beispiel:** Ja, er weiß, dass er in der Branche als sehr zuverlässig eingeschätzt wird und stets sehr hohe Qualität liefert. Er verhandelt mit uns selbstbewusst auf Augenhöhe.
   – **Options-Check**
   Wissen wir, welche Optionen der Partner hat?
   **Praxis Beispiel:** der Partner hat viele Optionen, er braucht uns nicht unbedingt.

- **Overconfidence-Check**
  Liegen uns richtige Informationen vor?
  Liegen uns alle relevanten Informationen vor?
  Analysieren wir rational? (beachten wir die Gesetze der Statistik und der Wahrscheinlichkeit und unseren eigenen Nutzen?)
  **Praxis Beispiel:** Wir haben nachgefragt mit Offenen Fragen und intensiv zugehört. Wir glauben aktuell, die Hauptsorge des Partners ist die Weitergabe von vertraulichen Informationen an Wettbewerber.

4. Habt Ihr die ursprünglich geäußerten Partner-Positionen auf der Grundlage der aktuellen Informationen **interpretiert?**
   **Praxis Beispiel:** Ja, unsere Interpretation war, dass die Vertragsstrafe nur anwendbar sein soll, wenn wir vertrauliche Informationen an Wettbewerber weitergeben. Das haben wir zum einen im Griff und zum anderen nicht vor.

5. Habt Ihr Eure Interpretationen durch gezielte Fragen **geklärt?** (Never assume – clarify).
   **Praxis Beispiel:** Ja, wir haben gefragt: „Können wir die Klausel zur Vertragsstrafe i.H.v. EUR 100.000 nur auf den Fall anwenden, in dem wir vertrauliche Informationen an einen Ihrer Wettbewerber weitergeben?" Nach einem kurzen Time Out hat der Negotiator (offensichtlich nach Rücksprache mit dem Decision Maker) geantwortet: Ja, wir können die Klausel auf diesen einen Fall reduzieren.

6. Habt Ihr die **Konflikte** aufgrund der Klärung der Position **definiert?**
   **Praxis Beispiel:** Ja, wir haben alle Konflikte in einer Offenen Punkte Liste zusammengefasst. In Bezug auf die Klausel zur Vertragsstrafe liegt ein Schein-Konflikt vor, da wir die Reduzierung der Klausel auf den Aspekt der Weitergabe von vertraulichen Informationen an einen Wettbewerber akzeptieren können.
   Diesen Standpunkt hat der Decision Maker nach der Diskussion im Team bejaht.

7. Hat sich unsere eigene Situation (insbesondere Leverage und/oder Optionen) geändert?
   **Praxis Beispiel:** nein

### 4.4.3   Kreative Lösungen

1. Konfliktlösungen
   Halten Sie nach dem Informationsaustausch die Analyse der Echten Konflikte und der Schein-Konflikte fest.
   Diskutieren Sie im Team, wie Sie die Echten Konflikte lösen wollen.
   Bestimmen Sie dabei zuerst die Strategie.
   – Sie können mit **Competing** fortfahren, dann werden Sie gewinnen oder verlieren. Die Beziehung zum Partner könnte Schaden nehmen.
   – Sie können die Verhandlungen vertagen (**Avoiding**), weil Sie (z. B. aufgrund interessanter Verhandlungen mit einem anderen Verhandlungspartner) auf Zeit spielen möchten.
   – Sie können in Bezug auf alle Konflikte nachgeben (**Accomodating**), ohne dafür eine Gegenleistung zu erhalten.
   – Sie können einen faulen Kompromiss schließen, mit dem alle unzufrieden sind (**Compromising**).
   – Sie können aber auch versuchen, Lösungen zu finden, mit denen beide Seiten zufrieden sind, dies sind in der Regel Pakete, die vom gegenseitigen Geben und Nehmen geprägt sind (**Collaborating**). Dabei dienen die Schein-Konflikte dazu, ein Nachgeben zu demonstrieren, um dafür im Wege des Gebens und Nehmens (Reziprozität als Waffe der Beeinflussung) etwas zu bekommen, was Ihnen wichtig ist (zu den 15 klassischen Waffen der Beeinflussung vgl. Rock 2019, 321 ff.).
2. Interne Lösungen: Eigene zukünftige Zusammenarbeit
   Analysieren Sie im Rahmen eines professionellen **Feedbacks** was innerhalb des eigenen Teams gut gelaufen ist und was schlecht gelaufen ist. Führen Sie diese Analyse auch in Bezug auf das Team Ihres Partners durch. Auch aus deren Fehlern können Sie lernen.
   Klassische Fehler, die ich oft beim Verhandlungspartner sehe, sind:
   – Keine klar definierten Rollen, also keine Team-Strategie
   – Gegenseitiges Reinreden
   – Jeder redet, wann er will, d. h. der Negotiator führt das N-Team nicht
   – Es werden offensichtlich nicht vorbesprochene Positionen genannt (die für uns positiv sind)
   – Der Partner meint, seine Argumente seien besser als unsere
   – Der Partner will „Recht behalten"
   – Der Verhandlungsführer des Partners verhält sich wie ein „Bad Guy", statt auf den Aufbau einer Beziehung zu achten

– Es wird versucht, jeden Konflikt sofort zu lösen (was ich zulasse, wenn es für uns positiv ist), statt zuerst alle Konflikte zu analysieren und danach alle Konflikte im Paket zu lösen.

## 4.5    Element Nr. 5: Neuer Auftrag

Erteilen Sie nun als Decision Maker einen neuen Auftrag. Ihr Auftrag bezieht sich immer auf folgende 5 Aspekte:

### 4.5.1  Mache die vorgegebenen (und diskutierten) Positionen geltend

Bei Anwendung der Strategie **Collaborating** sind das Paket-Positionen, die mit der klassischen Rahmenbedingung „No issue is closed until all issues have been decided" (Shell 2006, S. 169) diskutiert werden.

### 4.5.2  Wende die vorgegebene Konfliktstrategie an

Wie oben in Abschn. 4.4.1 skizziert, haben Sie die Wahl unter 5 verschiedenen Strategien.
   Wenn Sie eine Lösung finden wollen, die beide Seiten zufriedenstellt, ist Collaborating die Strategie der Wahl (vgl. dazu Rock 2020, S. 40 ff.).

**4.5.3** Analysiere weiterhin die Konflikte („**Learn**") unter Beachtung der 7 Stufen Die 7 Stufen sind in Abschn. 3.3. skizziert.

**4.5.4** Rege **Time Outs** an, wenn Unsicherheiten auftreten, um im N-Team das weitere Vorgehen abzustimmen.

**4.5.5 Report Back,** berichte also in ausgewählten Time-Outs an mich. Dieser Bericht ist zugleich der Einstieg in das Debriefing betreffend die vorhergehende Verhandlungsrunde.

# Intragruppenprozesse

# 5

In der Realität erzielen Teams – wie die Forschung zeigt – aber nicht selten Prozess**verluste,** d. h. die Gruppensituation führt z. B. durch Motivationsverluste dazu, dass die Gruppe weniger erreicht als sie erreichen könnte, wenn jeder sein Bestes geben würde (vgl. Werth 2010, S. 275).

In Bezug auf eine Gruppe bzw. ein Team erhofft sich der Leiter der Gruppe immer einen sog. Prozess**gewinn,** d. h. die Gruppe soll aufgrund gegenseitigen Motivierens, wechselseitigen Lernens und Inspiration mehr als jeder Einzelne leisten (vgl. Werth 2010, S. 274).

## 5.1 Definition

Aus sozialpsychologischer Sicht liegt immer dann eine Gruppe vor, wenn mindestens 2 Personen in Interaktion treten, ein gemeinsames Ziel verfolgen, ein Wir-Gefühl haben und die Zusammenarbeit eine gewisse Dauer aufweist (zu den Einzelheiten vgl. Werth und Mayer 2008, 335).

Die in diesem *essential* genannten Teams sind Gruppen i.S. dieser Definition.

H. Rock, *High Performance Briefing/Debriefing von B2B Verhandlungen*, essentials, https://doi.org/10.1007/978-3-658-42354-4_5

## 5.2    Leistungsverhalten

### 5.2.1    Soziales Faulenzen

Wenn im wahren Leben der individuelle Beitrag eines Teammitglieds **nicht identifiziert** werden kann oder **nicht bewertet** wird, kann dies dazu führen, dass das betreffende Teammitglied demotiviert ist und seine Leistung vermindert. Dadurch wird natürlich auch die Gruppenleistung vermindert (vgl. Werth und Mayer 2008, S, 332).

Das Konzept der Psychologischen Sicherheit soll dieser Leistungsverminderung entgegenwirken: Das Element „Speak Up" (vgl. oben Abschn. 3.1.2) soll sicherstellen, dass jedes Teammitglied einen identifizierbaren Beitrag leistet, denn jedes Teammitglied soll sich im Briefing/Debriefing äußern.

### 5.2.2    Trittbrettfahren

Wenn der individuelle Beitrag eines Teammitglieds von diesem **nicht als bedeutsam** erachtet wird (sog. Verantwortungsdiffusion) kann dies dazu führen, dass das betreffende Teammitglied demotiviert ist und seine Leistung vermindert. Dadurch wird natürlich auch die Gruppenleistung vermindert.

Das Konzept der Psychologischen Sicherheit soll dieser Leistungsverminderung entgegenwirken: Das Element „Speak Up" (vgl. oben Abschn. 3.1.2) soll sicherstellen, dass jedes Teammitglied als wichtig erachtet wird, weshalb es sich im Briefing/Debriefing äußern soll (vgl. Werth und Mayer 2008, S, 359).

### 5.2.3    Gimpel Effekt

Wenn ein Teammitglied das Gefühl hat, dass die anderen sich nicht so engagieren wie man selbst, will man „nicht der Dumme sein, der die Arbeit allein macht".

Dies kann dazu führen, dass das betreffende Teammitglied demotiviert ist und seine Leistung vermindert. Dadurch wird natürlich auch die Gruppenleistung vermindert (vgl. Werth und Mayer 2008, S, 359).

Das Konzept der Psychologischen Sicherheit soll dieser Leistungsverminderung entgegenwirken: Das Element „Speak Up" (vgl. oben Abschn. 3.1.2) soll sicherstellen, dass jedes Team Mitglied sich voll engagiert, um im Rahmen des Speak Up seine Expertenmeinung äußern zu können.

## 5.3    Entscheidungsverhalten

In Bezug auf Entscheidungen in der Gruppe können insbesondere 2 Phänomene dazu führen, dass die Gruppe keine optimale Entscheidung trifft.

Die beiden nachteiligen Phänomene können durch das Herstellen der Psychologischen Sicherheit verhindert werden.

### 5.3.1    Effekt des gemeinsamen Wissens

Der „Effekt des gemeinsamen Wissens" beschreibt das Phänomen, dass die Gruppe nur solche „Dinge" diskutiert, die bereits allen Mitgliedern bekannt sind (gemeinsames Wissen). Das individuelle Wissen wird hingegen nicht mitgeteilt, weil man nicht zum Außenseiter werden will (vgl. Werth und Mayer 2008, S, 364 ff.).

Das Element „Speak Up" (vgl. oben Abschn. 3.1.2), das Teil des Konzepts der Psychologischen Sicherheit ist, sorgt dafür, dass jeder sich dazu aufgefordert fühlt, sein Spezialwissen zu präsentieren.

### 5.3.2    Gruppendenken

Gruppendenken bzw. Groupthink liegt vor, wenn die Gruppe möglichst rasch einen Konsens finden will und Teammitglieder „Entscheidungen, die sie **allein abgelehnt hätten**, doch befürworten und mittragen, weil sie der Gruppe blind vertrauen" (Rödel und Krach 2023, Kap. 3 und Goller und Laufer 2018, S. 5; Hervorhebung durch den Autor).

Das Element „Speak Up" (vgl. oben Abschn. 3.1.2), das Teil des Konzepts der Psychologischen Sicherheit ist, sorgt dafür, dass jeder sich dazu aufgefordert fühlt, seine persönliche Meinung zu präsentieren.

Das Element „Speak Up" (vgl. oben Abschn. 3.1.2) kann auch die folgenden typischen Symptome des Gruppendenkens – weitgehend wörtlich zitiert nach Werth 2010, S. 304 – verhindern:

1. **Illusion der Unanfechtbarkeit**
   Die Einstimmigkeit schafft die Illusion der Unanfechtbarkeit und lässt einen überzogenen Optimismus entstehen.

2. **Rationalisierung**
   Argumente und Fakten, die der Gruppenmeinung widersprechen, werden als
   unzutreffend abgewertet.
3. **Gruppeneigene Moral**
   Die Einstimmigkeit verführt zu der Annahme, dass die Gruppe auf jeden Fall
   (moralisch) richtig entscheidet.
4. **Stereotypisierung**
   Meinungsgegner und Außenstehende werden negativ wahrgenommen (z. B.
   als Dummköpfe, die nichts verstehen) und als inkompetent abgetan.
5. **Konformitätsdruck**
   Die Gruppe übt massiven Druck auf die Mitglieder aus, sodass nach und nach
   alle Widersprüche verstummen.
6. **Selbstzensur**
   Gruppenmitglieder unterdrücken eigene Zweifel, um von der Gruppe akzep-
   tiert zu werden.
7. **Selbsternannte „Meinungswächter"**
   Einzelne Gruppenmitglieder bringen Zweifler aktiv zum Schweigen, noch
   bevor sie ihre abweichende Meinung der Gruppe vortragen können.
8. **Illusion der Einstimmigkeit**
   Aufgrund des Konformitätsdrucks, der Selbstzensur und der Aktivität der Meinungswächter werden abweichende Meinungen nicht mehr geäußert. Dadurch
   entsteht bei allen Mitgliedern, insbesondere aber bei dem Gruppenführer, das
   Bild uneingeschränkter Einmütigkeit.

## 6.1     Element Nr. 1: Eröffnen Sie die Team-Diskussion („Discuss")

Eröffnen Sie kurz formal die Team-Diskussion („Verehrte Kollegen, wir starten nun in Bezug auf das Projekt „Liefervertrag mit der L GmbH" unsere Diskussion mit dem Ziel der Klärung des konkreten Auftrags an das Verhandlungsteam" („**Your Instruction**").

## 6.2     Element Nr. 2: Stellen Sie die Psychologische Sicherheit des Teams her

Stellen Sie vor dem Briefing klar:

1. **Safety:** Einem Mitglied des Teams entsteht **kein Nachteil** (gleich welcher Art), wenn es sich kritisch zu den Beiträgen des Decision Makers und/oder der anderen Teilnehmer des Briefings äußert.
   **Fehler** von Mitgliedern des Teams sind willkommen, weil alle Mitglieder des Teams aus ihnen lernen können. Es findet kein „Blame Game" statt.
   Jedes Teammitglied hat sein individuelles Talent und wird von den anderen Mitgliedern so **respektiert,** wie es ist.
2. **Speak Up:** Jedes Mitglied des Verhandlungsteams soll sich zu den Beiträgen des Decision Makers und den Beiträgen der anderen Mitglieder aktiv äußern (vgl. Friese 2021, S. 8 f.). Dabei gilt:
   – Kritische Beiträge zur Mission sind erwünscht;

H. Rock, *High Performance Briefing/Debriefing von B2B Verhandlungen*, essentials, https://doi.org/10.1007/978-3-658-42354-4_6

- Konflikte (unterschiedliche Positionen der Teammitglieder) sind positiv, sie werden professionell gelöst;
- Neue Ideen zur Mission sind erwünscht;
- Das Infragestellen des Status Quo der Mission ist erwünscht;
- Inhaltlich klare Aussagen zur Mission werden persönlich respektvoll vorgetragen;
- Jedes Mitglied soll seinen Beitrag zu einem optimalen Informationsaustausch leisten, damit der Decision Maker auf Basis möglichst vieler Fakten und Meinungen entscheiden kann;
- Feedback in Bezug auf andere Mitglieder des Teams ist immer wertschätzend, motivierend und konstruktiv, um eine Ausgrenzung von Teammitgliedern zu vermeiden (vgl. Rödel und Krach 2023, Ziffer 3.2). Dabei gilt: „Hilfreiches Feedback ist **hart zum Problem, aber nett zu den Menschen.** Es geht also darum, **kristallklar die Probleme anzusprechen** und damit auch … z. B. dem Leistungsgedanken deutlich Ausdruck zu verleihen, ohne den betroffenen Menschen dabei zu „beschädigen"" (Goller und Laufer 2018, S. 25 f.).
3. **Active Listening:** Der Decision Maker und die anderen Mitglieder haben dem jeweils Redenden zuzuhören und ihn mit **Respekt** zu behandeln. Die zuhörenden Mitglieder des Teams sind **emphatisch** und zeigen Verständnis, unabhängig davon, ob sie zustimmen (vgl. Goller und Laufer 2018, S. 36; Hervorhebung durch den Autor).

## 6.3   Element Nr. 3: Fordern Sie die Übernahme von Verantwortung

Stellen Sie als Decision Maker klar, dass Sie von jedem Teammitglied eine **hohe Bereitschaft** zur Übernahme von **Verantwortung** in Bezug auf das Erreichen der Mission erwarten. Erfolgreiche Menschen suchen immer die Herausforderung, sie verlassen bei der Erreichung Ihrer Ziele bewusst die Komfortzone, ihr Motto lautet: „**Always seek challenge, … get out of your comfort zone**" (Kohlrieser 2006, S. 223).

Dies führt insbesondere zu zwei Effekten: (i) in Bezug auf die Mission wird ein **professionelles Brainstorming** ermöglicht und (ii) innerhalb der Mitglieder des Teams entwickeln sich **produktive Feedbackprozesse**.

## 6.4   Element Nr. 4: Informationsaustausch

1. **Team**
   Gibt es Anregungen zu der vom Senior Manager vorgeschlagenen Team-Aufstellung?
2. **Optionen**
   Gibt es Anregungen zur Bestimmung der vom Senior Manager vorgeschlagenen Optionen?
3. **Positionen**
   Gibt es Anregungen zu den vom Senior Manager vorgeschlagenen Positionen betreffend die einzelnen Themen (z. B. Qualität des Kaufgegenstandes, Preis, Lieferzeit, Abnahmepflicht, Lieferzeit, Kündigungsfrist usw.)?
4. **Learn**
   Gibt es Erkenntnisse zu den Positionen bzw. der Situation des Verhandlungspartners?
   – Gehe immer von Kommunikationsversehen aus und ignoriere zuerst genannte Positionen.
   – Analysiere das Team des Partners (wer ist Decision Maker, wer ist Negotiator?)
   – Analysiere die Situation des Partners (World-Check, Options-Check, Leverage-Check, Overconfidence-Check).
   – Interpretiere die ursprünglich genannten Positionen.
   – Kläre die Richtigkeit der Interpretation (Never assume – clarify).
   – Definiere die Konflikte (Echte Konflikte und Schein-Konflikte).
5. **Adapt**
   Sollen wir unsere Positionen und die Strategie anpassen?

## 6.5   Element Nr. 5: Geben Sie Ihrem Team als Decision Maker – nach der Diskussion – einen klaren Auftrag (Your Instruction)

Der Auftrag bezieht sich immer auf die folgenden 5 Aspekte:

**6.5.1** Mache die vorgegebenen (und diskutierten) **Positionen** geltend.

**6.5.2** Wende die vorgegebene **Konfliktstrategie** an.

**6.5.3** Analysiere die Konflikte („**Learn**") unter Beachtung der 7 Stufen.

42          6   Checkliste High Performance Briefing

1. Gehe immer von Kommunikationsversehen aus und ignoriere zuerst genannte Positionen.
2. Analysiere das Team des Partners (wer ist Decision Maker, wer ist Negotiator?)
3. Analysiere die Situation des Partners (World-Check, Options-Check, Leverage-Check, Overconfidence-Check).
4. Interpretiere die ursprünglich genannten Positionen.
5. Kläre die Richtigkeit der Interpretation (Never assume – clarify).
6. Definiere die Konflikte (Echte Konflikte und Schein-Konflikte).
7. Analysiere die eigene Situation

**6.5.4** Rege **Time Outs** an, wenn Unsicherheiten auftreten, um im N-Team das weitere Vorgehen abzustimmen.

**6.5.5 Report Back,** berichte also in ausgewählten Time-Outs an mich.
Dieser Bericht ist zugleich der Einstieg in das Debriefing (zur Checkliste vgl. nachf. Ziffer 7).

# Checkliste High Performance Debriefing

7

## 7.1 Element Nr. 1: Eröffnen Sie formal die Team-Diskussion (Discuss)

Nach der Beendigung einer Verhandlungsrunde (oder mittendrin) nimmt der Projekt-Manager bzw. das N-Team Kontakt zum Decision Maker auf, um diesen zu unterrichten (**Report Back**). Daraufhin eröffnet der Decision Maker formal die Team-Diskussion bzw. das Debriefing (**Discuss**)

## 7.2 Element Nr. 2: Stellen Sie die Psychologische Sicherheit des Teams her

Stellen Sie vor dem Debriefing klar:

1. **Safety:** Einem Mitglied des Teams entsteht **kein Nachteil** (gleich welcher Art), wenn es sich kritisch zu den Beiträgen des Decision Makers und/oder der anderen Teilnehmer des Debriefings äußert.
   **Fehler** von Mitgliedern des Teams sind willkommen, weil alle Mitglieder des Teams aus ihnen lernen können. Es findet kein „Blame Game" statt.
   Jedes Teammitglied hat sein individuelles Talent und wird von den anderen Mitgliedern so **respektiert,** wie es ist.
2. **Speak Up:** Jedes Mitglied des Verhandlungsteams soll sich zu den Beiträgen des Decision Makers und den Beiträgen der anderen Mitglieder aktiv äußern (vgl. Friese 2021, S. 8 f.). Dabei gilt:
   – Kritische Beiträge zur Mission sind erwünscht;

- Konflikte (unterschiedliche Positionen der Teammitglieder) sind positiv, sie werden professionell gelöst;
- Neue Ideen zur Mission sind erwünscht;
- Das Infragestellen des Status Quo der Mission ist erwünscht;
- Inhaltlich klare Aussagen zur Mission werden persönlich respektvoll vorgetragen;
- Jedes Mitglied soll seinen Beitrag zu einem optimalen Informationsaustausch leisten, damit der Decision Maker auf Basis möglichst vieler Fakten und Meinungen entscheiden kann;
- Feedback in Bezug auf andere Mitglieder des Teams ist immer wertschätzend, motivierend und konstruktiv, um eine Ausgrenzung von Teammitgliedern zu vermeiden (vgl. Rödel und Krach 2023, Ziffer 3.2). Dabei gilt: „Hilfreiches Feedback ist **hart zum Problem, aber nett zu den Menschen.** Es geht also darum, **kristallklar die Probleme anzusprechen** und damit auch … z. B. dem Leistungsgedanken deutlich Ausdruck zu verleihen, ohne den betroffenen Menschen dabei zu „beschädigen"" (Goller und Laufer 2018, S. 25 f.).

3. **Active Listening:** Der Decision Maker und die anderen Mitglieder haben dem jeweils Redenden zuzuhören und ihn mit **Respekt** zu behandeln. Die zuhörenden Mitglieder des Teams sind **emphatisch** und zeigen Verständnis, unabhängig davon, ob sie zustimmen (vgl. Goller und Laufer 2018, S. 36; Hervorhebung durch den Autor).

## 7.3  Element Nr. 3: Fordern Sie die Übernahme von Verantwortung

Stellen Sie als Decision Maker klar, dass Sie von jedem Teammitglied eine **hohe Bereitschaft** zur Übernahme von **Verantwortung** in Bezug auf das Erreichen der Mission erwarten. Erfolgreiche Menschen suchen immer die Herausforderung, sie verlassen bei der Erreichung Ihrer Ziele bewusst die Komfortzone, ihr Motto lautet: „**Always seek challenge, … get out of your comfort zone"** (Kohlrieser 2006, S. 223).

Dies führt insbesondere zu zwei Effekten: (i) in Bezug auf die Mission wird ein **professionelles Brainstorming** ermöglicht und (ii) innerhalb der Mitglieder des Teams entwickeln sich **produktive Feedbackprozesse.**

## 7.4   Element Nr. 4: Informationsaustausch/Kreative Lösungen/Feedback

Fragen Sie als Decision Maker Ihr Team nach dem Verlauf der Verhandlung.

### 7.4.1   Ice Breaker

Beginnen Sie als Ice Breaker mit der Frage: „**Wie ist es gelaufen, was ist Euer persönlicher Eindruck?**"

### 7.4.2   Positionen und Konflikte

Fragen Sie das Team, ob es die Positionen des Partners schon so weit geklärt hat, dass auch die Konflikte schon definiert werden können. Orientieren Sie sich an den 7 Schritten der Aufgabe „Learn":

1. Was waren die **ursprünglichen Forderungen** des Partners?
   (Gehe immer von Kommunikationsversehen aus und ignoriere zuerst genannte Positionen)
2. Konntet Ihr das **Partner-Team** analysieren?
   Kennt Ihr den Decision Maker? Wer ist Negotiator?
3. Konntet Ihr die **Situation** unseres Partners analysieren?
   - **World-Check**
     Versteht Ihr die Weltsicht des Decision Makers? Was ist ihm wichtig? Was lässt ihn nachts nicht schlafen?
   - **Leverage-Check**
     Inwieweit glaubt der Partner, dass er uns etwas Einzigartiges liefert, inwieweit spürt er Verhandlungs-Leverage?
   - **Options-Check**
     Wissen wir, welche Optionen der Partner hat?
   - **Overconfidence-Check**
     Liegen uns richtige Informationen vor?
     Liegen uns alle relevanten Informationen vor?
     Analysieren wir rational? (beachten wir die Gesetze der Statistik und der Wahrscheinlichkeit und unseren eigenen Nutzen?)
4. Habt Ihr die ursprünglich geäußerten Partner-Positionen auf der Grundlage der aktuellen Informationen **interpretiert**?

5. Habt Ihr Eure Interpretationen durch gezielte Fragen **geklärt?** (Never assume – clarify).
6. Habt Ihr die **Konflikte** aufgrund der Klärung der Position **definiert?**
Unterscheide zwischen Echten Konflikten und Schein-Konflikten
7. Hat sich unsere eigene Situation (insbesondere Leverage und/oder Optionen) geändert?

### 7.4.3  Kreative Lösungen

1. Konfliktlösungen
Halten Sie nach dem Informationsaustausch die Analyse der Echten Konflikte und der Schein-Konflikte fest.
Diskutieren Sie im Team, wie Sie die Echten Konflikte lösen wollen.
Bestimmen Sie dabei zuerst die Strategie.
   - Sie können mit **Competing** fortfahren, dann werden Sie gewinnen oder verlieren. Die Beziehung zum Partner könnte Schaden nehmen.
   - Sie können die Verhandlungen vertagen **(Avoiding),** weil Sie (z. B. aufgrund interessanter Verhandlungen mit einem anderen Verhandlungspartner) auf Zeit spielen möchten.
   - Sie können in Bezug auf alle Konflikte nachgeben **(Accomodating),** ohne dafür eine Gegenleistung zu erhalten.
   - Sie können einen faulen Kompromiss schließen, mit dem alle unzufrieden sind **(Compromising).**
   - Sie können aber auch versuchen, Lösungen zu finden, mit denen beide Seiten zufrieden sind, dies sind in der Regel Pakete, die vom gegenseitigen Geben und Nehmen geprägt sind **(Collaborating).** Dabei dienen die Schein-Konflikte dazu, ein Nachgeben zu demonstrieren, um dafür im Wege des Gebens und Nehmens (Reziprozität als Waffe der Beeinflussung) etwas zu bekommen, was Ihnen wichtig ist (zu den 15 klassischen Waffen der Beeinflussung vgl. Rock 2019, 321 ff.).
2. Eigene zukünftige Zusammenarbeit (Feedback)
Analysieren Sie im Rahmen eines professionellen **Feedbacks** was gut gelaufen ist und was schlecht gelaufen ist. Klären Sie, was Sie künftig verbessern können.

## 7.5      Element Nr. 5: Neuer Auftrag

Erteilen Sie nun als Decision Maker einen neuen Auftrag. Der Auftrag bezieht sich immer auf die folgenden 5 Aspekte:

**7.5.1** Mache die vorgegebenen (und diskutierten) **Positionen** geltend.

**7.5.2** Wende die vorgegebene **Konfliktstrategie** an.

**7.5.3** Analysiere weiterhin die Konflikte („**Learn**") unter Beachtung der 7 Stufen

1. Gehe immer von Kommunikationsversehen aus und ignoriere zuerst genannte Positionen.
2. Analysiere das Team des Partners (wer ist Decision Maker, wer ist Negotiator?)
3. Analysiere die Situation des Partners (World-Check, Options-Check, Leverage-Check, Overconfidence-Check).
4. Interpretiere die ursprünglich genannten Positionen.
5. Kläre die Richtigkeit der Interpretation (Never assume – clarify).
6. Definiere die Konflikte (Echte Konflikte und Schein-Konflikte).
7. Analysiere unsere Situation

**7.5.4** Rege **Time Outs** an, wenn Unsicherheiten auftreten, um im N-Team das weitere Vorgehen abzustimmen.

**7.5.5. Report Back,** berichte also in ausgewählten Time-Outs an mich.
Dieser Bericht ist zugleich der Einstieg in das nächste Debriefing.

# Was Sie aus diesem *essential* mitnehmen können

- Die Team-Strategie ist für professionelle B2B Verhandlungen unverzichtbar
- Die 5 Elemente der Best Practice betreffend Briefing und Debriefing von Teams
- Psychologische Sicherheit und Verantwortung bewirken High Performance
- Die psychologische Sicherheit neutralisiert nachteilige Effekte von Intragruppenprozessen

# Literatur

Bachmann, T., Quispe Bravo, K. (2021). Wie entsteht psychologische Sicherheit und Teamidentifikation? Eine empirische Untersuchung. OSC Organisationsberatung Supervision Coaching (2021) 28:319–337.

Combalbert, L., Mery, M. (2021). Negotiator The Reference for all Negotiations. Dunod, Malakoff.

Fisher R, Ury W, Patton B (2002). Das Harvard-Konzept, sachgerecht verhandeln, erfolgreich verhandeln, 21. Aufl., Campus, Frankfurt a. M.

Goller, I, Laufer, T. (2018). Psychologische Sicherheit in Unternehmen – Wie Hochleistungsteams wirklich funktionieren. Springer Gabler, Wiesbaden.

Greenstone, J. L. (2005). The elements of police hostage and crisis negotiations. New York: Routledge.

Hoffmann, B., Hanisch, D. (2021). Bedeutung der psychologischen Sicherheit für die Innovationsfähigkeit von Organisationen. Leadership, Education, Personality: An Interdisciplinary Journal (2021) 3: 1–7.

Jung S., Krebs P. (2016). Die Vertragsverhandlung. Springer Gabler, Wiesbaden

Kohlrieser, G, (2006). Hostage at the table. Jossey-Bass, San Francisco

Misino, D. (2004). Negotiate and win. New York: McGraw-Hill.

Rock, H. (2019). Erfolgreiche Verhandlungsführung mit dem Driver-Seat-Konzept. Springer, Wiesbaden

Rock, H. (2020). Field Guide für Verhandlungsführer. Springer Gabler, Wiesbaden

Rock, H. (2022). Das Best Situation Management Modell (BSMM) Die Performanceorientierte Alternative zur BATNA. Springer Gabler, Wiesbaden

Rödel S., Krach S., (2023). Professionelles Feedback als entscheidender Erfolgsfaktor in der New Work. OSC Organisationsberatung Supervision Coaching (2023)

Shell, R. (2006): Bargaining for Advantage. Penguin Books, New York

Strentz, T. (2018) Psychological aspects of crisis negotiation, 3. Aufl., Routledge Taylor & Francis, New York

Werth, L. (2010): Psychologie für die Wirtschaft. Springer, Heidelberg

Werth, L./Mayer, J. (2008): Sozialpsychologie. Springer, Berlin/Heidelberg

## Sonstige Literatur

Friese, J. (2021). Debriefing in der Anästhesie nach akutmedizinischen Ereignissen, (Debriefing in der Anästhesie nach akutmedizinischen Ereignissen (siga-fsia.ch), zugegriffen am 28.03.2023).

Printed in the United States
by Baker & Taylor Publisher Services